Ike

Frauke Rüffel

KOLLEGE,
ICH FEIERE DICH

Bibliografische Information der Deutschen Nationalbibliothek:
Die Deutsche Nationalbibliothek verzeichnet diese Publikation in der Deutschen
Nationalbibliografie; detaillierte bibliografische Daten sind im Internet über
http://dnb.dnb.de abrufbar.

Herstellung und Verlag: BoD – Books on Demand, Norderstedt

ISBN: 9783751923750

Lieber ....,

ich feiere dich dafür,

dass du mein Kollege bist.

Du verstehst Spaß und lachst gern.

Darum schenke ich dir

dieses lustige Büchlein

mit meinen persönlichen Botschaften.

VIEL SPASS!

....

Ich feiere dich

☐ von Herzen

☐ zu Ehren deines Jubiläums

☐ anlässlich deiner Beförderung

☐ aufgrund spontaner Gefühlsausbrüche

☐ als Zeichen inniger Verbundenheit

☐ ....

☐ ohne besonderen Anlass

Ich feiere dich, denn du bist

☐ mein Lieblingskollege

☐ mein Held der Arbeit

☐ mein Wächter der Arbeitsmoral

☐ der Vorgesetzte meines Herzens

☐ der Abteilungsleiter meiner Träume

☐ der Kollege meines Vertrauens

☐ mein schönstes Engelbert-Strauss-Model

Und du bist ein charmanter

☐ Chef ohne Cheftitel

☐ ....

☐ Arbeitsschutzfanatiker

☐ Büro-Papa

☐ Krawatten-Hobbit

☐ Alltagsbegleiter

☐ Kundenbefriediger

Zögen alle am gleichen Strang,

würde die Welt kentern.

(aus Israel)

Anatomie eines Kollegen

Ich feiere dich, denn in unserer Berufsbranche giltst du als außergewöhnlicher

☐ Medikus

☐ Quassel-Terminator

☐ Zahlenjongleur

☐ Handwerksbursche

☐ ....

☐ Kunstschöpfer

☐ Kundenflüsterer

**Ein Kollege ist einer,
der ohne jede Eignung
unerklärlicher Weise dasselbe macht,
wie man selbst.**

Unbekannt

Der Sport-Kollege

Du genießt einen exzellenten Ruf als

☐ Gesetzeshüter

☐ Berater

☐ Marketingexperte

☐ ....

☐ Retter der Bedürftigen

☐ Hüter des QM-Systems

☐ Verkaufsgenie

Wir arbeiten alle Hand in Hand: Was die eine nicht schafft, lässt die andere liegen.

Unbekannt

Ich feiere dich, denn du bist ein erfolgreicher

☐ Auftragsbeschaffer

☐ Kopfgärtner

☐ Frittenschnitzer

☐ Ackerdesigner

☐ ....

☐ Kinderdompteur

☐ Glückstherapeut

Und du bist ein beliebter

☐ Brötchen-Ingenieur

☐ Autodoktor

☐ Pinselschwinger

☐ Werbefuzzi

☐ Zahnklempner

☐ ....

☐ Geldverteiler

Wir nehmen immer nur den Besten,
egal wie gut er ist.

Unbekannt

Ich feiere dich, denn du bist ein zuverlässiger

☐ Schreiberling

☐ Alleskönner

☐ Quacksalber

☐ Faktenspucker

☐ PC-Guru

☐ Pixelkrieger

☐ ....

Was wir brauchen,
sind ein paar verrückte Leute,
seht euch an,
wohin uns die Normalen
gebracht haben.

George Bernard Shaw
(1856 –1950)
Dramatiker, Politiker, Musikkritiker, Publizist

Ich feiere dich, denn du bist ein erfahrener

☐ Flatulenz-Kollege

☐ Drehstuhlpilot

☐ Meister Yoda

☐ Bürotourist

☐ Handeltreibender

☐ Kopier-Rambo

☐ ....

☐ Ritter der Schwafelrunde

Die Arbeit ist etwas Unnatürliches.
Die Faulheit allein ist göttlich.

Anatole France

(1844 – 1924)

Französischer Schriftsteller

Und du bist ein attraktiver

☐ Werkstattschnuffel

☐ Märchenprinz

☐ ....

☐ Klinkenputzer

☐ Genussoptimierer

☐ Umsatzbeschleuniger

☐ Tastenhengst

Ein zufriedener Angestellter?
In den meisten Fällen ist es ein ganz normaler fauler Sack!

Pavel Kosorin
(*1964)
Tschechischer Schriftsteller und Aphoristiker

Ich feiere dich, denn du bist ein ausgebuffter

☐ Kundenabwehrspezialist

☐ Haben-wir-nicht-Experte

☐ Weißkittel

☐ ....

☐ Liebhaber der Öffentlichkeitsarbeit

☐ Entwickler von
   Kommunikationsstrukturen

☐ Robin Hood des Arbeitsrechts

Und du bist ein

☐ Drogendealer (für ....)

☐ überqualifizierter Mitarbeiter

☐ unerschütterlicher Optimist

☐ Kollegenmüll-Sammler

☐ ....

Wenn du immer alle Regeln befolgst,
verpasst du den ganzen Spaß.

Katharine Hepburn
(1907 – 2003)
US-amerikanische Schauspielerin

Ich feiere dich,
denn du bist ein wundervoller

☐ Experience Designer

☐ Master of Disaster

☐ IT-Fraggle

☐ Prince Charming

☐ Food Stylist

☐ Monteur de la Visage

☐ 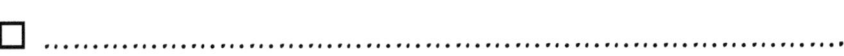 ....

TIPP

Der Muntermacher für deine Arbeitspause

Persönlichkeiten werden nicht durch schöne
Reden geformt,
sondern durch Arbeit und eigene Leistung.

Albert Einstein
(1979 – 1955)
Physiker

Und ich feiere dich für

- ☐ deine schöne Idee, aus uns Freunde zu machen
- ☐ deine außergewöhnlichen Strategien zur Problemlösung
- ☐ deine Innovationen am Arbeitsplatz

- ☐ ....

- ☐ dein Stillschweigen über meine dunklen Arbeitsgeheimnisse
- ☐ dein Temperament in den Pausen

TIPP

Wenn du dich manchmal
dumm und nutzlos fühlst,
dann schaue kurz zu
den anderen Kollegen rüber und
dann geht's wieder.

Redensart

Ich feiere dich für

☐ .... Jahre an deiner Seite

☐ die Möglichkeit, in deinem Schatten
arbeiten zu dürfen

☐ deine Wertschätzung meiner Arbeit

☐ ....

☐ dein unermüdliches Schuften in
meinem Team

☐ deine Treue zum Unternehmen

☐ deine legendären Witze

Kollegen und Kolleginnen sind die einzigen Lebensabschnittspartner, mit denen wir uns im Allgemeinen nicht paaren, obwohl wir mit ihnen die meiste Zeit zusammen verbringen.

Manfred Poisel
(*1944)
Deutscher Werbetexter

Ich bin manchmal mein langsamster Mitarbeiter.

Michael Marie Jung
(*1940)
Deutscher Hochschullehrer und
Führungskräftetrainer

Ich feiere dich besonders für

☐ deine Vorschläge zur Verbesserung des
  Zeitmanagements
☐ deine Inspirationen zur
  Arbeitszeitgestaltung
☐ deine Vorschläge zur Steigerung des
  Umsatzes
☐ die gemeinsamen Dienstreiseabenteuer

☐ ....

☐ deine virtuelle Führung im
  Unternehmen

In vielen Berufen sind die Kollegen
die wirklichen Verwandten,
sie fühlen sich untereinander
weit mehr zu Hause als an dem Ort,
den sie ihr Heim nennen,
wo sie schlafen, essen
und einen öden Sonntag verbringen.

Prentice Mulford
(1834 – 1891)
US-amerikanischer Journalist, Erzieher, Goldgräber und
Warenhausbesitzer

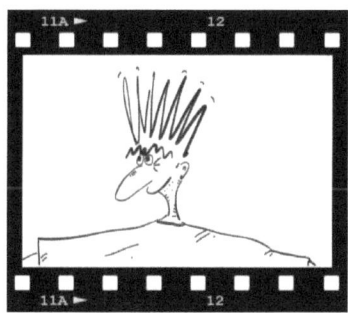

Ich feiere dich exzessiv für

☐ deine Bereitschaft, mich an deiner
   Berufserfahrung teilhaben zu lassen
☐ die konsequente Einhaltung der
   Arbeitsschutzbestimmungen
☐ deinen außergewöhnlichen Leitungsstil

☐ dein jahrelanges Vertrauen in meine
   Unfähigkeit
☐ deinen Gerechtigkeitssinn

☐ ....

Wer nach allen Seiten immer nur lächelt,
bekommt nichts als Falten im Gesicht.

Aleksej Andreevic Arakceev

(1769 – 1834)

Russischer General und Staatsmann

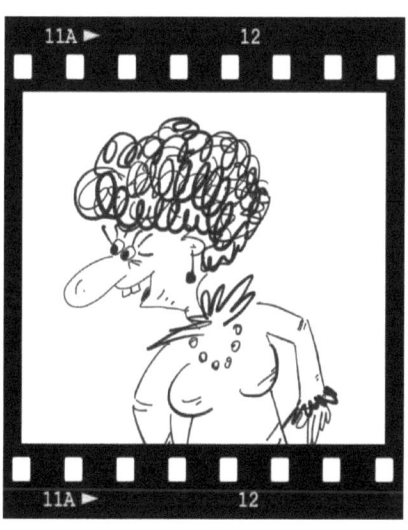

Die Helden der Dienstleistung sind
die Crème de la Crème eines Unternehmens.

Mike Fischer

(*1963)

Unternehmer, Redner und Ideenfabrikant

Ein Mitarbeiter ist einer, für den ich mitarbeite.

Gerhard Uhlenbruck

(*1929)

Deutscher Immunbiologe und Aphoristiker

Und ich feiere dich

☐ trotz der sinkenden Mitarbeiterzahlen

☐ in Erwartung eines kühlen Bieres

☐ ohne Hintergedanken

☐ ....

Seltsam, dass Leute,
die zusammen leiden,
stärkere Beziehungen haben,
als die Leute,
die sehr zufrieden sind.

Bob Dylan
*1941
US-amerikanischer Musiker und Lyriker

Ich feiere dich, denn du bist äußerst selten

☐ ein Fußatmer

☐ ein E-Mail-Exorzist

☐ ein Energie-Vampir

☐ ein Chefzäpfchen

☐ ein Clownfrühstücker

☐ ein Zornröschen

☐ ....

So manches Büro ähnelt einem Militärflugplatz:
Da finden sich Senkrechtstarter,
geistige Tiefflieger,
Abfangjäger und Sturzkampfbomber.
Ganz zu schweigen von den Bruchpiloten.

Unbekannt

Ich feiere dich, denn du bist eigentlich nie

☐ ein Schlitzohr mit Kreuzschlitzschraubenzieher

☐ ein E-Mail-Spion

☐ ein Dienstreisen-Alkoholiker

☐ ....

☐ ein Gleitzeitökonom

☐ ein Insolvenzbeschleuniger

☐ ein Dünnbrettbohrer

Du bist auch

☐ kein Betriebsflaneur

☐ kein Maschinenfreak

☐ keine zerbrechliche Ming-Vase

☐ kein Eckensteher

☐ kein Leisetreter

☐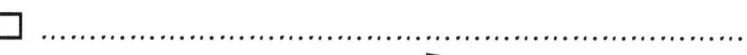

☐ kein Glotztrottel

Wenige Mitarbeiter sorgen dafür,

dass etwas geschieht,

viele Mitarbeiter sorgen dafür,

dass nichts geschieht,

viele Mitarbeiter sehen zu,

wie etwas geschieht,

und die überwältigende Mehrheit

hat keine Ahnung,

was überhaupt geschehen ist.

Verfasser unbekannt

Ich feiere dich, denn du bist keinesfalls

☐ ein Ameisentätowierer

☐ ein Businesskasper

☐ ....

☐ ein Honk

☐ ein Pixelschubser

☐ ein Kontaktallergiker

☐ eine Aktenfräse

Und du bist keineswegs

☐ ein Halbhirn-Experte

☐ eine Intelligenzamöbe

☐ ein Schleimscheißer

☐ ....

☐ ein Alleinunterhalter

☐ eine Budgetbremse

☐ eine Plapperschlange

Du bist niemals

- ☐ ein Zankwart

- ☐ ein Zwecktölpel

- ☐ ein Stuhlkreissitzer

- ☐ ein Nörgelbaron

- ☐ ein Arbeitsallergiker

- ☐ eine Laborratte

- ☐ ....

Es gibt für jede Situation
eine gute Lösung,
wenn gute Menschen mitwirken.

Pavel Kosorin

(*1964)

Tschechischer Schriftsteller und Aphoristiker

Wer mit den Menschen auskommen will,
darf nicht zu genau hinsehen.

Otto Flake
(1880 – 1963)
Deutscher Schriftsteller

Der Produktionsfaktor KOLLEGE

In jedem Menschen steckt ein König.

Sprich mit dem König,

und er wird herauskommen.

Deutsche Redensart

Ich feiere dich, denn

☐ ohne dich wäre ich verloren

☐ du bist dein Geld wert

☐ dein Aftershave steigert das Wohlbefinden

☐ ohne dich ist es nicht möglich, in finanzielle Gewinnzonen zu kommen

☐ du koordinierst wie eine Maschine

☐ ....

☐ du bist ein Kollege mit Potenzial

Wer nicht Meister sein will, muss eben Gesell bleiben und Vorgesetzte haben sein Leben lang.

Gottfried Keller

(1819 – 1890)

Schweizer Dichter und Romanautor

Solange mein Chef so tut, als würde er mich richtig bezahlen, solange tue ich so, als würde ich richtig arbeiten!

Unbekannt

Und ich feiere dich, denn

☐ du bist ein ehrlicher Feedbackgeber

☐ ....

☐ du achtest auf meine Work-Life-Balance

☐ du kennst meine Arbeitszeit auswendig

☐ du verbringst mit mir wertvolle Lebenszeit

☐ du machst einen brauchbaren Mitarbeiter aus mir

☐ du überraschst mich mit Dingen, die ich nicht ahnen kann

Der Büro-Kollege

Außerdem

☐ hast du einen heißen Draht zur
Geschäftsleitung

☐ hast du immer eine geniale Idee

☐ ....

Gemeinsamkeiten
sucht man nicht,
Gemeinsamkeiten
schafft man sich.

Manfred Hinrich

(1926 – 2015)

Deutscher Buchautor und Journalist

Ich feiere dich dafür, dass

☐ wir jede Menge Zeit miteinander verbringen dürfen

☐ wir uns extrem gut kennenlernen dürfen

☐ ....

☐ wir für einander da sein können, wenn es am nötigsten ist

☐ wir bei guter Bezahlung zusammen rumhängen können

Und auch dafür, dass

☐ wir immer etwas zu bereden haben

☐ wir uns gegenseitig helfen können

☐ ....

☐ du jeden Arbeitstag durch deine Anwesenheit veredelst

☐ du mich zum Lachen bringst

Und ich feiere dich natürlich dafür, dass

☐ wir zusammen die Begeisterung für
unseren Job teilen

☐ ich dich jederzeit außerhalb der
Arbeitszeit anrufen kann

☐ du sagst, was du denkst, auch wenn ich es
nicht hören will

☐ du mich so akzeptierst, wie ich bin

☐ ....

☐ du oft selbstgebackenen Kuchen mitbringst

☐ es dich gibt

Humor ist der Knopf,
der verhindert,
dass uns der Kragen platzt.

Joachim Ringelnatz
(1883 – 1934)
Deutscher Schriftsteller, Kabarettist und Maler

Zusammenkommen ist ein Beginn,
zusammenbleiben ist ein Fortschritt,
zusammenarbeiten ist ein Erfolg.

Henry Ford

(1863 – 1947)

Amerikanischer Industrieller und Geschäftsmagnat,
Gründer der Ford Motor Company

Jeder Mensch ist ein Clown,
aber nur wenige haben den Mut,
es zu zeigen.

Charlie Rivel
(1896 – 1983)
Spanischer Clown

Ich feiere DICH, mein Kollege!

Ort und Datum: ....